中国工程建设标准化协会标准

公路用整车式称重系统技术规程

Technical Regulation for Full Draught Weighing System of Highway

T/CECS G:D85-06—2019

主编单位：北京交科公路勘察设计研究院有限公司
批准部门：中国工程建设标准化协会
实施日期：2019 年 10 月 01 日

人民交通出版社股份有限公司

图书在版编目(CIP)数据

公路用整车式称重系统技术规程：T/CECS G：D85-06—2019 / 北京交科公路勘察设计研究院有限公司主编. — 北京：人民交通出版社股份有限公司，2019.9

ISBN 978-7-114-15235-1

Ⅰ. ①公… Ⅱ. ①北… Ⅲ. ①公路运输—货物运输—称重仪—行业标准—中国 Ⅳ. ①U492.3-65

中国版本图书馆CIP数据核字(2019)第204699号

标准类型：	中国工程建设标准化协会标准
标准名称：	**公路用整车式称重系统技术规程**
标准编号：	T/CECS G：D85-06—2019
主编单位：	北京交科公路勘察设计研究院有限公司
责任编辑：	王海南
责任校对：	张　贺　龙　雪
责任印制：	张　凯
出版发行：	人民交通出版社股份有限公司
地　　址：	(100011)北京市朝阳区安定门外外馆斜街3号
网　　址：	http://www.ccpress.com.cn
销售电话：	(010)59757973
总 经 销：	人民交通出版社股份有限公司发行部
经　　销：	各地新华书店
印　　刷：	北京鑫正大印刷有限公司
开　　本：	880×1230　1/16
印　　张：	2.75
字　　数：	66千
版　　次：	2019年9月　第1版
印　　次：	2019年9月　第1次印刷
书　　号：	ISBN 978-7-114-15235-1
定　　价：	40.00元

(有印刷、装订质量问题的图书，由本公司负责调换)

中国工程建设标准化协会
公 告

第441号

关于发布《公路用整车式称重系统技术规程》的公告

根据中国工程建设标准化协会《关于印发〈2017年第一批工程建设协会标准制订、修订计划〉的通知》(建标协字〔2017〕014号)的要求,由北京交科公路勘察设计研究院有限公司等单位编制的《公路用整车式称重系统技术规程》,经本协会公路分会组织审查,现批准发布,编号为T/CECS G:D85-06—2019,自2019年10月1日起施行。

二〇一九年五月二十日

前　言

根据中国工程建设标准化协会《关于印发〈2017年第一批工程建设协会标准制订、修订计划〉的通知》（建标协字〔2017〕014号）的要求，由北京交科公路勘察设计研究院有限公司承担《公路用整车式称重系统技术规程》（以下简称"本规程"）的制定工作。

编写组在总结整车式称重系统十余年来工程经验和相关科研成果的基础上，以规范公路用整车式称重系统建设和管理、确保车辆称重准确度为核心，完成了本规程的编写工作。

本规程分为11章、2篇附录，主要内容包括：1 总则、2 术语和符号、3 基本规定、4 系统构成、5 系统功能、6 计量要求、7 技术要求、8 系统流程、9 土建基础要求、10 维护要求、11 数据和接口要求，附录A 通信协议、附录B 动态库接口定义。

本规程基于通用的工程建设理论及原则编制，适用于本规程提出的应用条件。对于某些特定专项应用条件，使用本规程相关条文时，应对其适用性及有效性进行验证。

本规程由中国工程建设标准化协会公路分会负责归口管理，由北京交科公路勘察设计研究院有限公司负责具体技术内容的解释，在执行过程中如有意见或建议，请函告本规程日常管理组，中国工程建设标准化协会公路分会（地址：北京市海淀区西土城路8号；邮编：100088；电话：010-62079839；传真：010-62079983；电子邮箱：shc@rioh.cn），或盛刚（地址：北京市海淀区花园东路15号，北京交科公路勘察设计研究院有限公司，邮编：100191；电话：010-82010998；传真：010-62370567；电子邮箱：104289990@qq.com），以便修订时研用。

主 编 单 位：北京交科公路勘察设计研究院有限公司
参 编 单 位：浙江省交通投资集团有限公司
　　　　　　　山东金钟科技集团股份有限公司
　　　　　　　山西国强高科股份有限公司
　　　　　　　交通运输部公路科学研究院

主　　　　编：盛　刚
主要参编人员：何培舟　王炳炯　周兰孙　范韶辰　邓国强　徐东彬
　　　　　　　王　黎　王　伟　畅福善　刘见振　杨纪富　杨秉武

主　　　审：杜长东
参与审查人员：左海波　孙秀珍　高海龙　雷茂锦　江运志　高奎刚
　　　　　　　　李　健　何振邦　张　伟　程志恒　韩　昱　陈志刚
　　　　　　　　梁正才　马丙辉　刘晓刚
参 加 人 员：周龙庆　王　倩　陈乐平　于加晴　杨晓寒　朱建军
　　　　　　　　蔚静婷　杨成安　顾思思　于文杰　李金蔚　李照彬
　　　　　　　　王　珣　阙家奇　王丽健　唐旭东

目　　次

1 总则 ··· 1
2 术语和符号 ·· 2
　2.1 术语 ··· 2
　2.2 符号 ··· 4
3 基本规定 ·· 5
4 系统构成 ·· 7
　4.1 整车式称重系统构成 ··· 7
　4.2 秤台构成 ··· 8
　4.3 称重传感器构成 ·· 8
　4.4 称重控制器构成 ·· 8
　4.5 轮轴识别器构成 ·· 8
　4.6 车辆分离器构成 ·· 8
5 系统功能 ·· 9
　5.1 总体要求 ··· 9
　5.2 称重要求 ··· 9
　5.3 传输要求 ·· 10
　5.4 系统自检 ·· 10
　5.5 防作弊要求 ··· 10
　5.6 防护要求 ·· 10
　5.7 在线监测要求 ·· 11
　5.8 其他要求 ·· 11
6 计量要求 ·· 12
　6.1 准确度等级 ··· 12
　6.2 整车总重量的最大允许误差 ··· 12
　6.3 单轴(轴组)载荷最大允许误差 ·· 13
　6.4 静态检定的最大允许误差 ·· 13
　6.5 分度值(d) ·· 13
　6.6 其他要求 ·· 13

7	技术要求	14
8	系统流程	17
	8.1 基本称重流程	17
	8.2 一车一杆称重流程	18
	8.3 连续过车称重流程	19
	8.4 超长车称重流程	19
9	土建基础要求	22
	9.1 引道结构要求	22
	9.2 秤台基础要求	22
10	维护要求	24
	10.1 日常维护	24
	10.2 定期维护	24
11	数据和接口要求	26
	11.1 接口形式	26
	11.2 参数设置	26
	11.3 通信协议	26
	11.4 动态库接口定义	26
	11.5 软件接口要求	26
附录 A	通信协议	28
附录 B	动态库接口定义	31
本规程用词用语说明		33

1 总则

1.0.1 为规范公路用整车式称重系统的建设和管理,确保车辆称重的准确度,提高通行能力和服务水平,制定本规程。

1.0.2 本规程适用于建在公路收费站、超限检测站等实现车辆计重需求的应用,其他应用可参照执行。

1.0.3 本规程规定了公路用整车式称重系统的系统构成、系统功能、计量要求、技术要求、系统流程、土建基础要求、维护要求等。

1.0.4 公路用整车式称重系统技术除应符合本规程的规定外,尚应符合国家和行业现行有关标准的规定。

2 术语和符号

2.1 术语

2.1.1 秤台 weighing platform
也称为称重平台,是计重系统承载车辆全部(整体)压力的部分。

2.1.2 称重设备 weighing instrument
也称为衡器,通过作用在物体上的重力来确定该物体质量的一种计量仪器,包括秤台、称重传感器、称重控制器等。

2.1.3 称重系统 weighing system
参与被称载荷质量检测的软、硬件装置总和,包括称重设备(称重平台、称重传感器、称重控制器等)、轮轴识别器、车辆分离器、称重显示屏(可选)、自动栏杆(可选)、通行信号灯(可选)等。

2.1.4 整车式称重系统 full draught weighing system
以整车称量方式确定车辆总重量及单轴或轴组重量的称重系统。

2.1.5 整车式动态车辆称重系统 automatic instruments for weighing vehicles in motion based on full-draught-weighing
采用整车称重的方式,通过对行驶车辆的称量确定车辆的总重量及单轴或轴组重量的一种称重系统。

2.1.6 整车式静态车辆称重系统 automatic instruments for weighing road vehicles in static based on full-draught-weighing
对静止在秤台上的车辆,通过整车称量的方式,获得车辆总重量的一种称重系统。

2.1.7 静态称量 static weighing
在称量期间,载荷相对于秤台没有运动的称量。

2.1.8 动态称量 weighing in motion

对行驶中的车辆轮载荷进行动态检测和分析,获得车辆总重量或轴(轴组)重量的过程。

2.1.9　计重收费系统　weight toll collection system

利用设置在收费车道的称重系统,获得车辆重量及轴数等信息,再由收费计算机根据对应费率计算通行费,对通过的货车实行计重收费。

2.1.10　分度值(d)　scale interval

以质量单位表示的,两个动态称量相邻示值或打印值之间的差值。

2.1.11　车辆分离器　vehicles separator

用于分离车流成为单体车辆的装置。

2.1.12　轴组　axles of vehicle

由数个轴构成的组合,组合中的轴数、轴与轴的间距(轴距)应有明确定义。

2.1.13　超长车　overlength vehicles

车辆第一根轴和最后一根轴的轴距超过秤台长度的车辆。

2.1.14　称重时间　weighing time

从车辆完全驶入秤台到计算出车辆总重量的时间。

2.1.15　车辆总重量　gross vehicle weight

车辆总的重量,或包括所有连接部件的车辆组合以及所载货物的总重量。

2.1.16　轴组重量　axle weight

一组相邻轴的轴载荷总和,是车辆总重量的一部分。

2.1.17　最大称量速度　speed limit of weighing

保证车辆称重准确度在一定范围内的允许车辆通过的最高行驶速度。

2.1.18　计量检定　metrological verification

由计量机构查明和确认称重设备是否符合法定要求的程序,包括检查、标记和(或)出具检定证书。

2.1.19　连续过车　continuous traffic

当被称车辆还没有完全驶离秤台,后续车辆即驶上秤台进行称量的一种动态称量方式。

2.1.20 一车一杆过秤方式 one-by-one mode of passing weighing platform

当被称车辆得出称重结果后,自动栏杆抬起,允许后续车辆进入秤台,在称重状态下,秤台上只允许一台被称车辆的称重方式。

2.1.21 称重控制器 weighing controller

接收称重传感器的测量信号,计算车辆重量,对称重设备及周边辅助设备、设施状态实时监视及进行故障自动巡检、手动测试的总控装置。

2.1.22 浅基坑 shallow foundation pit

基坑建成后深度不大于0.7m,人不可进入检修的基坑。

2.1.23 深基坑 deep foundation pit

基坑建成后深度大于0.7m,人可进入检修的基坑。

2.1.24 未收头 uncollected head

被称重车辆不完全退出秤台的状态。

2.1.25 未收尾 not ending

被称重车辆不完全进入秤台的状态。

2.1.26 引道 approach

引导车辆进入或离开的、秤台前后的平顺段路面。

2.1.27 称量区 weight zone

由秤台及沿行车方向秤台前方和后方的引道组成的路面区域。

2.2 符号

MPE(Maximum Permissible Errors)——最大允许误差;
MTBF(Mean Time Between Failure)——平均无故障时间;
MTTR(Mean Time To Repair)——平均恢复时间;
WIM(Weighing In Motion)——动态称量;
WTC(Weight Toll Collection System)——计重收费系统。

3 基本规定

3.0.1 整车式称重设备在收费车道宜采用收费车道前侧安装方式,不具备条件的可采用跨亭安装方式。

条文说明

秤台沿着行车方向从收费岛头侧往收费亭方向布设,未经过收费亭边为收费车道前侧安装方式;若秤台经过收费亭边则为跨亭安装方式。当收费亭前的长度不够或有障碍物时,可采用跨亭安装,即秤台跨过收费亭。

3.0.2 最大称量速度应满足称重准确度要求。

条文说明

行业内用于计重收费的最大称量速度一般在 10km/h 以内,少数地方设备和整体性较好的,可达 20km/h。

3.0.3 称重平台所采用的称重传感器数量不宜少于 10 个。

条文说明

行业内整车式称重平台一般采用 4 节结构。为确保称重的精度和效果,第一节秤台一般独立设置,称重传感器数量不少于 4 个;称重平台的称重传感器总数不宜少于 10 个。采用其他结构的称重平台,传感器不宜少于 10 个。

3.0.4 整车式称重平台宜采用浅基坑设置方式,基础底部距路面宜小于 0.7m。风沙大、降水量多的地方或地下水位许可时,可采用深基坑设置方式,并设置主动排水设施。

3.0.5 车牌识别系统宜采用线圈触发,不具备条件的可采用视频、红外、激光等方式触发。

3.0.6 计量检定频次不应少于 1 次/年,结合使用频次或环境可增加检定频次或期间检查次数。

3.0.7 秤台长度宜采用21m,场地条件受限时秤台长度可采用18m,有特殊需要时长度可采用24m。

条文说明

目前行业内普遍使用且广泛认可整体效果最好的整车秤台长度尺寸为21m。少数收费广场长度受限时,整车秤台长度尺寸一般采用18m;收费广场长度不受限制且需解决少数超长车整车称量问题时,也有极少地区整车秤台长度尺寸采用24m;其他整车秤台长度尺寸在保证称量精度的前提下也可使用。

3.0.8 普通车道的秤台宽度宜大于3.0m,超宽车道的秤台宽度宜大于3.4m;秤台最大称量不宜超过100t。

3.0.9 动态称量的整车式称重系统的准确度等级应采用《动态公路车辆自动衡器》(GB/T 21296—2007)中规定的2级及2级以上。

3.0.10 称重设备型号可按现行《衡器产品型号编制方法》(GB/T 26389)的要求统一命名。

条文说明

可采取如下样式:

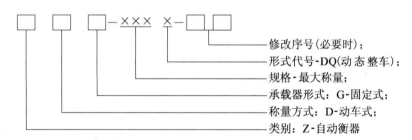

3.0.11 整车式称重系统信息安全应满足国家和行业现行有关标准的规定。

4 系统构成

4.1 整车式称重系统构成

4.1.1 整车式称重系统应由称重平台、称重传感器、称重控制器、轮轴识别器、车辆分离器、称重显示屏(可选)、检测线圈(可选)、车牌抓拍摄像机、自动栏杆(可选)、通行信号灯(可选)及基础等组成。其相互位置如图4.1.1所示,标注的尺寸为参考尺寸。

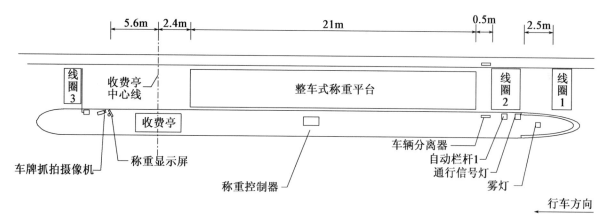

图 4.1.1 整车式称重系统示意图(亭前安装方式)

条文说明

整车式称重平台前一般设置1个线圈;考虑其他功能应用时,也可采用两线圈方式。

4.1.2 称重平台的尺寸宜满足表4.1.2要求。

表 4.1.2 秤 台 规 格 表

车道宽度 (m)	秤台宽度 (m)	秤台长度(m)		最大称量 (t)
		标准值		
		长度	分节	标准值
3.2	3.0	21	6+5×3	100
3.5	3.4	21		100
4.0/4.5	3.4	21		100

注:1. 超宽车道在特殊情况下,可根据需要定制,但秤台宽度不宜超过3.8m。
   2. 秤台的最大称量标准值为100t,特殊情况下根据需要可以选80t、120t。
   3. 生产厂家也可以根据现场情况自己确定合适的长度和分节。

4.2 秤台构成

4.2.1 秤台应包含模块化秤台及预埋件、限位装置、防尘装置、防滑装置、防擦边装置(可选)、接线盒(可选)、信号电缆等。

4.3 称重传感器构成

4.3.1 称重传感器宜包括弹性体、电阻应变计、测量电路、密封装置(材料)等。

条文说明
称重传感器分为柱式、桥式、悬臂梁式等。目前,行业内柱式传感器应用较多,本条所述为柱式传感器的系统构成。

4.4 称重控制器构成

4.4.1 称重控制器应由电子称重仪表、开关电源、空气开关、控制柜等组成。

4.5 轮轴识别器构成

4.5.1 嵌入式轮轴识别器应由框架、识别传感器及相关附件组成。

4.5.2 非嵌入式轮轴识别器有激光式轮轴识别器或其他形式轮轴识别器。激光式轮轴识别器由激光发射器、接收器、外壳等组成。

4.6 车辆分离器构成

4.6.1 车辆分离器应由发射模块、控制模块、分车模块等组成。按工作原理可分为红外车辆分离器、激光车辆分离器、环形线圈车辆分离器、微波车辆分离器等类型。

4.6.2 红外车辆分离器宜由成对配置的车辆分离器、控制器、加热器(可选)、罩壳等组成。

4.6.3 激光车辆分离器通过发射安全激光光幕对经过的车辆进行逐辆分离,宜由发射模块、分车模块、分车计算模块、传输模块等构成。

4.6.4 环形线圈车辆分离器应由线圈、车检器组成。

4.6.5 微波车辆分离器应由发射天线、发射器、接收器等组成。

5 系统功能

5.1 总体要求

5.1.1 整车式称重系统宜支持连续过车模式。实现车辆连续通过称重平台,不需要人工干预,系统能够自动判定驶入、驶出称重平台车辆数及识别行进方向,并且能准确计量连续通过的每辆车的数据。

条文说明
　　整车式称重系统分为连续过车和一车一杆过秤两种模式。

5.1.2 整车式称重系统宜支持一车一杆过秤方式。

5.1.3 整车式称重系统采用静态称重方式称量时,其显示结果应有明确的标识。

5.1.4 在人工辅助或自动称重模式下,整车式称重系统应能对超长车辆进行准确计重。

5.1.5 整车式称重系统可实现被称重车辆的自动分离。

5.1.6 整车式称重系统出现故障无法正常工作时应能自动重新启动,所有的数据能够恢复。

5.1.7 整车式称重系统应具有故障自诊断功能、数据恢复功能、故障信息报警功能。

5.2 称重要求

5.2.1 可检测和自动识别车辆单轴(轴组)重、总重,显示/打印检测时间和轴数、轴型等车辆数据。

5.2.2 称重显示屏可实时显示总重、超重信息。

5.2.3 整车式称重系统可自动判断各种不完全称量状态,当车辆未收头再进入时,或车辆未收尾并退出时,以及车辆在称重平台上不完全倒车(未收尾、也未收头)并进入时,计重设备应能正确判断、处理该辆车的称重数据。

5.3 传输要求

5.3.1 车辆全部进入秤台后,称重传感器自动将重量信号转换为电压信号输出至称重控制器,称重控制器通过数据接口将称重信息传输至相关业务的计算机/工作终端。

5.4 系统自检

5.4.1 整车式称重系统应具有开机自检、空闲时定时自检、零点校正和自动温度补偿功能。

5.5 防作弊要求

5.5.1 应具有下列防作弊功能：
1 防止S行、点制动、跳秤、擦边、倒车等不规范行驶行为。
2 防止使用液压泵、千斤顶等不规范操作行为。

5.6 防护要求

5.6.1 防腐蚀应满足下列规定：
1 秤台整体抛丸处理,增强油漆的附着力及防腐蚀效果,秤台表面涂漆层应平整、色泽一致、光洁牢固。
2 漆层不得有刷纹、流挂、起皱、气泡、起皮脱落等缺陷,涂漆后表面应完整无漏漆。

5.6.2 秤台防滑应满足下列规定：
1 防滑措施可采用花纹板、防滑涂料等方式。
2 如采用花纹板防滑,其铺设数量沿秤台纵向不宜少于4道,花纹板厚度不小于6mm,四周全焊接,中间钻孔塞焊,焊缝平整,焊接牢靠。
3 如采用防滑涂料,应按工艺要求的材料配比、搅拌时间等进行施工,施工前秤台表面应进行抛丸处理,涂料层应连续铺满整个秤台表面,厚度宜大于3mm,涂层应均匀。

5.6.3 秤台和基坑之间应设置防尘装置,防尘装置的材料宜采用橡胶、帆布带、尼龙带或其他材料等。

5.6.4 线缆、设备的信号线等部位应采取防鼠措施。

5.6.5 整车式称重系统应具有良好的排水功能。

条文说明

优先采用排水沟方式排水，排水沟的大小应考虑当地降雨量；不具备条件时，可采用排水泵等辅助设施排水。

5.6.6 整车式称重系统应具有良好的接地。

条文说明

接地优先采用和收费广场收费大棚共用接地，接地电阻不宜大于1Ω。如单独设置接地，接地电阻不宜大于4Ω。

5.7 在线监测要求

5.7.1 称重控制器应实现实时状态监测。

5.7.2 在线监测应满足下列规定：
1 具有监测汇总、分析、报警等功能。
2 可对传感器供电、传感器的零点输出信号进行监测。
3 可对轮轴识别器的工作状况进行监测。
4 可对车辆分离器的工作状况进行监测。

5.7.3 整车式称重系统应能在称重软件或后台相关的软件中实现实时监测功能。

5.8 其他要求

5.8.1 整车式称重系统应具有良好的稳定性，称重设备的计量检定应符合国家和行业现行有关标准的规定。

6 计量要求

6.1 准确度等级

6.1.1 整车总重量的动态准确度等级采用3个等级,分别为0.5、1、2。

条文说明

　　准确度等级是根据整车式动态称重计量的特点,将《动态公路车辆自动衡器》(GB/T 21296—2007)的计量要求进行分解,选择了较高的准确度等级,如果有条件也可以采用0.2等级。整车计量和轴计量相互之间的关系,也是选自《动态公路车辆自动衡器》(GB/T 21296—2007),静态计量选自《固定式电子衡器》(GB/T 7723—2017)。

6.1.2 单轴(轴组)载荷的动态准确度等级划分为3个等级,分别为B、C、D。

6.1.3 整车总重量的静态准确度等级应为Ⅲ级。

6.1.4 车辆整车总重量和单轴(轴组)载荷准确度等级的对应关系见表6.1.4。

表6.1.4 车辆整车总重量和单轴(轴组)载荷的准确度等级关系

单轴(轴组)载荷的准确度等级	车辆整车总重量的准确度等级		
	0.5	1	2
B	√	√	
C	√	√	√
D	√	√	√

6.2 整车总重量的最大允许误差

6.2.1 整车总重量的最大允许误差见表6.2.1。

表6.2.1 整车总重量的最大允许误差

准确度等级	以整车总重量约定真值的百分比表示
	首次检定
0.5	±0.25%

续上表

准确度等级	以整车总重量约定真值的百分比表示
	首次检定
1	±0.50%
2	±1.00%

6.3 单轴(轴组)载荷最大允许误差

6.3.1 参考车辆(不含两轴刚性车辆)单轴(轴组)载荷最大允许误差见表6.3.1。

表6.3.1 单轴(轴组)载荷的最大允许误差

准确度等级	以单轴或轴组载荷修正平均值的百分比表示
	首次检定
B	±1.00%
C	±1.50%
D	±2.00%

6.4 静态检定的最大允许误差

6.4.1 静态检定的最大允许误差见表6.4.1。

表6.4.1 静态检定的最大允许误差

最大允许误差	检定分度值的范围 m (以检定分度值 e 表示)
	Ⅲ
±0.5e	0 ≤ m ≤ 500
±1.0e	500 < m ≤ 2 000
±1.5e	2 000 < m ≤ 10 000

6.5 分度值(d)

6.5.1 整车式称重系统所有的称量指示装置和打印装置应具有相同的分度值($e=d$)。

6.6 其他要求

6.6.1 最大称量时间不大于3s。

6.6.2 MTBF不小于10 000h。

7 技术要求

7.0.1 称重平台的技术参数应满足下列规定：
1 秤台结构：U形梁全钢结构，刚性不低于1/800。
2 台面厚度：普通车道≥12mm，超宽车道≥14mm。采用优质Q235-B以上板材，宜采用二氧化碳气体保护焊接技术。
3 额定轴载≥30t。
4 最大安全过载：150% F·S。
5 疲劳强度≥500万轴次（额定轴载下）。

7.0.2 称重传感器的技术参数应满足下列规定：
1 结构形式：柱式/桥式。
2 额定容量≥30t。
3 最大安全过载：125% F·S。
4 准确度等级：C3[现行《称重传感器》（GB/T 7551）]。
5 疲劳强度≥500万次（额定轴载下）。
6 如采用柱式称重传感器，应具有防旋转措施。
7 防护等级：IP68。

条文说明

行业应用较多的为柱式传感器，桥式或其他形式传感器在满足精度和功能要求的前提下，也可采用。

7.0.3 称重控制器的技术参数应满足下列规定：
1 电子称重仪表具有显示工作状态、称重数据、通行速度、检测数据（不少于10辆）的功能，可显示轴型、单轴（轴组）载荷、车速及总重量等信息。应采用独立配置，符合现行《电子称重仪表》（GB/T 7724）的要求。
2 可定时对外部连接设备进行巡检，将设备故障发送到收费计算机/工作终端。
3 具有外部连接设备故障检测界面，方便现场及时排除故障。
4 电源应采取防浪涌保护，通信接口应采用光电隔离保护。
5 采用密封结构设计，机柜底部电缆出线，确保雨淋条件下可正常工作。
6 采用安全门锁，工作状态时防止非授权人员操作电子称重仪表。

7 室外控制柜防护等级:IP65。

8 存储不少于10条记录。

7.0.4 红外车辆分离器的技术参数应满足下列规定:

1 在良好天气时,要求分离识别正确率99.5%以上。

2 在恶劣天气时,要求分离识别正确率98%以上。

3 检测高度范围:400~1 600mm。

4 在检测范围内的最小分辨物尺寸不大于25.4mm。

5 两车可分离的最小间距应小于或等于200mm。

6 当车辆分离器故障时,可通过硬件或软件发出故障信息。

7 外壳材质宜采用不锈钢材料,厚度≥1.2mm。

8 外壳玻璃可采用自动电加热技术,在天气恶劣的环境下可有效防雾除霜,确保红外线车辆分离器能可靠分离车辆。

9 防护等级:IP65。

10 使用寿命≥5年。

7.0.5 激光车辆分离器的技术参数应满足下列规定:

1 收发一体。

2 激光安全等级CLASS 1,人眼可直视。

3 检测距离≥5m。

4 系统响应时间<0.1s。

5 防护等级:IP65。

6 使用寿命≥10年。

7 车辆分离距离≤50mm。

8 最小分辨物尺寸为不大于8mm。

7.0.6 嵌入式轮轴识别器的技术参数应满足下列规定:

1 可正确识别轮轴,对总重5t以上的车辆要求判断准确度达到98%以上。

2 检测宽度:普通车道检测宽度≥1 200mm,超宽车道检测宽度≥1 600mm。

3 传感器防护等级:IP68。

4 寿命≥500万轴次(额定轴载下)。

7.0.7 激光轮轴识别器的技术参数应满足下列规定:

1 收发一体。

2 激光安全等级CLASS 1,人眼可直视。

3 检测距离≥5m。

4 系统响应时间<0.1s。

5 防护等级：IP67。

6 使用寿命＞10年。

7 轮轴通过后立即判别车辆轴数，输出延时＜0.1s。

8 轮轴识别率＞99%。

7.0.8 称重显示屏的技术参数应满足下列规定：

1 显示亮度≥1 500cd/m^2。

2 显示颜色：红色和绿色。

3 内置24×24点阵《信息交换用汉字编码字符集 基本集》(GB 2312)一级汉字字库。

4 可视距离＞20m。

5 防护等级：IP65。

6 MTBF：大于15 000h。

7 MTTR：小于0.5h。

8 PCB板经防酸、防潮、防盐雾处理，能适应户外环境，能全天候运行。

9 立柱使用不锈钢材料，在强风下不应晃动。

7.0.9 自动栏杆的技术参数应满足下列规定：

1 满足现行《收费用电动栏杆》(GB/T 24973)的要求。

2 快速启动和停止，栏杆臂由水平到竖直和竖直到水平的运动时间不大于1.4s。

3 在电源故障时为抬杆状态。

8 系统流程

8.1 基本称重流程

8.1.1 基本称重流程如下:

1 车辆匀速驶入称重车道,通过检测线圈,车辆驶入车辆分离器,系统进入称重模式。车辆各轴依次通过轮轴识别器,轮轴识别器自动判别车辆轴数及轴型。

2 称重传感器获取车辆总重量、轴重量或轴组重量,称重仪表自动显示重量值,并将称重信息传输至收费计算机/工作终端。

3 计算机收到轴数、单轴(轴组)重、车辆总重等称重信息后,进入收费或超重检测等流程。

4 流程完毕,待车辆驶离秤台后,称重流程结束,称重系统自动返回初始状态。

5 基本称重流程如图8.1.1所示。

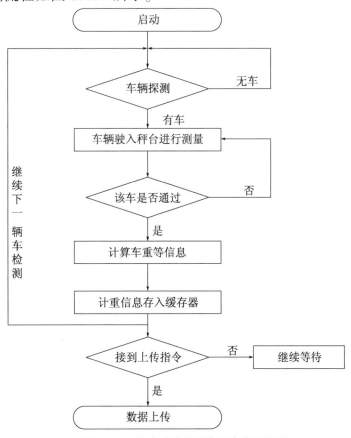

图8.1.1 整车式称重系统基本称重流程

8.2 一车一杆称重流程

8.2.1 一车一杆称重流程如下：

1 初始状态：称重平台上无车辆，称重仪表显示"0"，通行信号灯显示绿灯，自动栏杆抬起。

2 车辆匀速驶入称重车道，通过检测线圈和车辆分离器，自动栏杆抬起，系统进入称重模式。车辆各轴依次通过轮轴识别器，轮轴识别器自动判别车辆轴数及轴型。

3 车辆完全驶上秤台，车辆分离器判断车辆通过，完成车辆收尾。自动栏杆落下，禁止后续车辆驶上秤台。

4 称重传感器获取车辆总重量、单轴重量或轴组重量，称重仪表自动显示重量值，并将称重信息传输至计算机/工作终端。

5 计算机/工作终端收到轴数、单轴（轴组）重、车辆总重等称重信息后，进入收费或超重检测等流程。

6 流程完毕，待车辆驶离秤台后，称重流程结束。

7 岛尾栏杆抬起，车辆驶离，岛尾栏杆落下，称重系统自动返回初始状态。

8 一车一杆称重流程如图 8.2.1 所示。

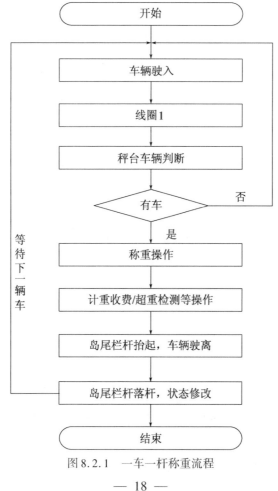

图 8.2.1 一车一杆称重流程

8.3 连续过车称重流程

8.3.1 连续过车称重流程如下：

1 初始状态：秤台上无车辆或前车已完成称重。

2 车辆匀速驶入称重车道，通过检测线圈，车辆驶入车辆分离器，系统进入称重模式。车辆各轴依次通过轮轴识别器，轮轴识别器自动判别车辆轴数及轴型。

3 车辆完全驶上秤台，车辆分离器判断车辆通过，完成车辆收尾。

4 称重传感器获取车辆总重量、轴重量或轴组重量，称重仪表自动显示重量值，并将称重信息传输至计算机/工作终端。

5 计算机/工作终端收到轴数、单轴(轴组)重、车辆总重等称重信息后，进入收费或超重检测等流程。

6 流程完毕后，称重系统自动返回初始状态，等待下一辆车。

7 连续过车称重流程如图8.3.1所示。

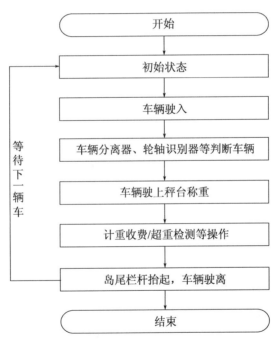

图 8.3.1 连续过车称重流程

8.4 超长车称重流程

8.4.1 超长车称重流程如下：

1 车道初始状态：岛头栏杆机落杆，通行信号灯为绿色。

2 超长车需要人工介入，车辆驶入，到达线圈1时，岛头自动栏杆机抬杆，通行信号灯设置为红色。

3 车辆到达线圈2时，对栏杆下的车辆进行判断，避免砸车。

4 称重系统对车辆前几轴上秤状态进行判断,当上秤时进行人工采集数据。

5 光栅分离器进行分车,分车结束时,岛头自动栏杆机落杆(光栅与栏杆距离在1m以内,光栅信号控制栏杆机落杆,当距离较远时,用线圈信号控制落杆)。

6 称重系统对秤台车辆进行称重,采集计重数据并上传。

7 称重系统进行计重收费或超重检测操作,操作完成,岛尾自动栏杆机抬杆。

8 车辆到达线圈3时,对车辆状态进行判断,避免砸车,当车辆全部通过线圈时,通行信号灯设置为绿色。

9 岛尾自动栏杆机落杆,流程结束,等待下一辆车。

10 超长车称重流程如图8.4.1所示。

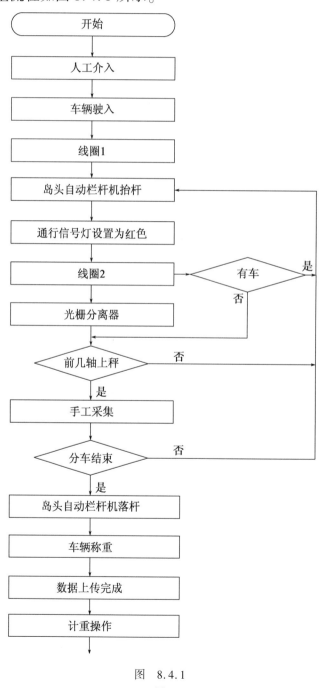

图 8.4.1

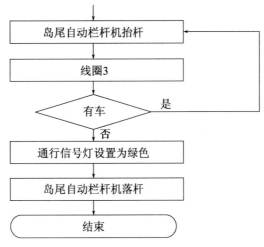

图 8.4.1 超长车称重流程

9 土建基础要求

9.1 引道结构要求

9.1.1 秤台前后两端引道,应采用混凝土或具有同等承压能力的耐用材料作为基础,结构应稳固并可承受相应的载荷。

9.1.2 引道应是一个平直的、表面基本水平的光滑平面,与秤台处于同一平面。当车辆通过秤台时,引道可同时支撑车辆的所有轮胎。

9.1.3 引道的几何结构应满足下列规定:

1 前后各段引道应具有足够的长度,宜大于8m,可同时支撑称重系统能够称量的最长车辆类型的所有车轮。前后引道和秤台应在一个平面上。在引道前面应提供坡度小于1%路面,以便被称车辆行驶到引道前就可以接近称量速度。

2 为便于排水,允许引道具有横向斜坡,坡度不宜大于1%。为最大限度减少行进车辆各轴之间的载荷传递,引道不宜采用纵向斜坡,秤台应安装在引道的同一平面上。

3 引道每侧宽度应比秤台宽度至少超出300mm,应能支撑称重系统能够称量的最宽车辆。

9.2 秤台基础要求

9.2.1 秤台基础的结构应满足下列要求:

1 秤台基础应采用钢筋混凝土或具有同等承压能力的耐用材料,结构应稳固并可承受相应的载荷。

2 进出秤台的两端边沿,应采用角钢、槽钢等金属材料制作的护边防护。

3 基础与秤台的水平间隙应均匀一致,称重平台两侧、进车端、出车端与基础之间应安装柔性防尘装置。支撑称重传感器的基础墩高度应一致;掉落、流入基础下的杂物应便于清理。

4 秤台基坑内必须保证排水良好,施工时基坑底部向排水口处应有不小于2%的散水坡,且排水口处需要不小于$1m^2$的泛水处理,下水管道排水管应低于基坑排水底面50cm以上;排水管排水纵坡不得小于2%。

5 基础的排水口位置与称重传感器基础墩的位置应错开一定距离,保证排水通畅,不得导致杂物淤积。

  6 基础钢筋用作称重系统接地极时,接地电阻宜小于4Ω。

9.2.2 秤台基础的长度、宽度和坡度应满足下列要求:
  1 秤台基础的长度、宽度应与秤台的长度、宽度相适应,一般为单边超出20mm。
  2 称重平台纵向和横向宜采用水平安装。有纵向坡度时不宜超过1%,特殊情况下不应大于1.5%。

9.2.3 称重控制器、车辆分离器等设备基础,应设置安装基础板,将设备安装于基础板上,以满足安装牢固、垂直、对齐等质量要求。

10 维护要求

10.1 日常维护

10.1.1 应经常检查秤台与基础之间的间隙,发现有不均等现象或与初始安装位置偏差过大,应进行调整。检查密封装置是否有断裂、挣开凸起、掉落等现象,根据情况及时进行维护。为避免因融雪剂除雪对秤台产生腐蚀,宜采取传统除雪法除雪,并检查秤台是否有积水、积淤现象,有则及时处理干净。

10.1.2 应经常检查秤台连接处的稳定性,秤台连接间隙稳定性,发现问题及时纠正。

10.1.3 检查秤台的限位装置间隙是否合理,宜为3～5mm。限位装置可调部分应做涂油保护。检查频次不宜低于1次/3个月。

10.1.4 应经常检查秤台的基础情况,检查是否有开裂、表面脱落、倾斜等现象,发生问题应及时处理。

10.1.5 应经常检查秤台表面油漆是否有脱落现象,防滑装置是否有开裂、变形,秤台表面是否有变形造成积水,平台的面板是否有开裂,发现问题应及时处理。

10.1.6 应经常检查红外光幕或激光车辆分离器的防护罩是否有损坏,发射接收是否正常。

10.1.7 应经常检查埋设检测线圈的路面是否出现凹陷、破损等现象,以免影响线圈正常工作。

10.1.8 应经常检查自动栏杆的箱体、机芯、控制系统、栏杆臂的连接是否紧固,栏杆臂的摆动是否正常。

10.2 定期维护

10.2.1 定期维护周期不宜超过6个月。

10.2.2 定期维护包括传感器基础墩维护、基础内部淤积维护、电器连接状况维护、接地电阻维护,应满足下列规定:

1 定期检查秤台的基础是否发生下沉、排水堵塞、开裂渗漏现象,发现问题应及时处理和维修。

2 定期检查清理传感器周围泥沙堵塞、冬天传感器周围冰冻封堵现象。

3 定期维护检查传感器、传感器支撑板、压头是否有间隙、松动、移位、缺损,发现问题应及时调整复位、修复或更新。

4 检查各功能部件的电器连接端子是否牢固、螺栓有无松动,当发现有数据不稳、执行动作不畅、信号传输不稳等现象时,应及时处理,或报生产厂家维护。

5 定期检查接地电阻的连接是否牢固,接地电阻是否满足要求。定期进行维护(如泼洒盐水,减小接地电阻等)。

6 定期对车辆分离器、车牌抓拍摄像机、轮轴识别器、称重显示屏、自动栏杆等进行功能维护。

7 通过软件维护、对系统功能扩充、编程改进、提高处理效率等进行维护。

11 数据和接口要求

11.1 接口形式

11.1.1 通信接口宜采用 RS232 标准串行通信,支持全双工通信或采用网络通信接口。

11.2 参数设置

11.2.1 参数设置应满足下列规定:
1 波特率:9 600bps。
2 数据位:8 位。
3 停止位:1 位。
4 奇偶校验:无。

11.3 通信协议

11.3.1 通信协议参见本规程附录 A。

11.4 动态库接口定义

11.4.1 动态库接口定义参见本规程附录 B。

11.5 软件接口要求

11.5.1 应根据现有收费应用软件接口需求,确定计重设备通信接口与收费计算机/工作终端间的通信规程和数据格式。原始数据应可靠加密,防止随意修改数据。

11.5.2 应能接收车道收费计算机/工作终端发出的基本指令数据并完成相应的动作,如开启或关闭计重系统。

11.5.3 车道收费计算机/工作终端或计重设备复位时,接口程序保存的数据应不受影响,并可通过接口继续使用。

11.5.4 计重系统具备自动缓存功能,应避免出现新来车辆计重信息冲掉缓存中第一辆车信息(该信息未经车道收费软件/超限检测软件删除)。

11.5.5 从车辆通过称重检测区域至计重系统形成完整的车辆称重信息的响应时间应不大于1s;车辆称重信息从计重系统传输至车道所需时间间隔应小于0.1s。

11.5.6 计重系统软件采用容错设计,对硬件故障或可能出现的特殊情况应能进行相应的处理,保证称重数据与收费计算机/工作终端中车辆数据的一一对应。

附录 A 通信协议

A.0.1 采用从机广播、失败及无响应重发的通信模式,信息帧格式如下列所示(协议中 2 字节或 2 字节以上的数据结构均为高位在前、低位在后)。

1 状态信息帧,数据流方向:称重控制器向主机。状态信息帧格式见表 A.0.1-1。

表 A.0.1-1 状态信息帧格式

帧起始标志 (1字节)	命令序列号 (1字节)	命令号 (1字节)	称重仪状态字 (1字节)	CRC (2字节)
0xFF	1 到 9 依次循环。如需应答,应答帧命令序列号与收到的帧命令序列号一致	1	BIT0:0-正常 　　　1-称重系统传感器故障 BIT1:0-正常 　　　1-红外光幕故障 BIT2:0-正常 　　　1-线圈故障 BIT3:0-正常 　　　1-轮轴识别器故障 BIT4:0-正常 　　　1-通信故障	循环冗余校验

2 称重信息帧,数据流方向:称重控制器向主机。称重信息帧格式见表 A.0.1-2。

表 A.0.1-2 称重信息帧格式

帧起始标志 (1字节)	命令序列号 (1字节)	命令号 (1字节)	数据帧长度 (2字节)	年 (2字节)	月 (1字节)
0xFF	1 到 9 依次循环。如需应答,应答帧命令序列号与收到的帧命令序列号一致	2	0~65 535(为整个信息帧长度,单位:字节)	2 003~65 535	1~12

日 (1字节)	时 (1字节)	分 (1字节)	秒 (1字节)	称重控制器状态字 (1字节)	速度 (2字节)
1~31	0~23	0~59	0~59	BIT0:0-正常 　　　1-称重系统传感器故障 BIT1:0-正常 　　　1-红外光幕故障 BIT2:0-正常 　　　1-线圈故障 BIT3:0-正常 　　　1-轮轴识别器故障 BIT4:0-正常 　　　1-通信故障	0~65 536(权值 0.1km/h,读数与权值相乘为实际值)

续上表

加速度 (1字节)	轴数 (1字节)	轴组数 (1字节)	协议版本号 (1字节)	单轴1重量 (2字节)	单轴2重量 (2字节)
-128~127 (权值0.1km/h, 读数与权值相乘 为实际值)	0~255	0~255	0~255 (非标协议版 本号)当前版本 号:0	0~65 535 (权值:10kg)	0~65 535 (权值:10kg)
...	单轴n重量 (2字节)	轴组1重量 (2字节)	轴组2重量 (2字节)	...	轴组n重量 (2字节)
...	0~65 535 (权值:10kg)	0~65 535 (权值:10kg)	0~65 535 (权值:10kg)	...	0~65 535 (权值:10kg)
轴组1轴型 (1字节)		轴组2轴型 (1字节)		...	轴组n轴型 (1字节)
1:单轴单轮 2:单轴双轮 3:二轴组单轮 4:二轴组单双轮 5:二轴组双轮 6:三轴组单轮 7:三轴组双轮 其他预留		1:单轴单轮 2:单轴双轮 3:二轴组单轮 4:二轴组单双轮 5:二轴组双轮 6:三轴组单轮 7:三轴组双轮 其他预留		...	1:单轴单轮 2:单轴双轮 3:二轴组单轮 4:二轴组单双轮 5:二轴组双轮 6:三轴组单轮 7:三轴组双轮 其他预留
1轴与2轴轴间距 (2字节)		2轴与3轴轴间距 (2字节)	...	$n-1$轴与n轴轴间距 (2字节)	CRC (2字节)
0~65 535; 权值(0.01m)		0~65 535; 权值(0.01m)	...	0~65 535; 权值(0.01m)	循环冗余校验

3 倒车信息帧格式见表A.0.1-3。

表A.0.1-3 倒车信息帧格式

帧起始标志 (1字节)	命令序列号 (1字节)	命令号 (1字节)	数据帧长度 (1字节)	年 (2字节)	月 (1字节)
0xFF	1到9依次循环。 如需应答,应答帧命 令序列号与收到的帧 命令序列号一致	3	0~255 (单位:字节)	2 003~65 535	1~12
日 (1字节)	时 (1字节)	分 (1字节)	秒 (1字节)	CRC (2字节)	
1~31	0~23	0~59	0~59	循环冗余校验	

4 主机应答帧,数据流方向:主机向称重控制器。主机应答帧格式见表 A.0.1-4。

表 A.0.1-4　主机应答帧格式

帧起始标志 (1字节)	命令序列号 (1字节)	命令号 (1字节)	成功/失败	CRC (2字节)
0xFF	1 到 9 依次循环。如需应答,应答帧命令序列号与收到的帧命令序列号一致	2:读取一辆车的整车数据 4:称重系统复位信息 3:检测到车辆从车道退出	0:成功 1:失败	循环冗余校验

5 称重系统复位命令信息帧,数据流方向:称重控制器向主机(解决称重系统复位造成的命令序列号与关机前一条命令序列号重叠的问题)。称重系统复位命令信息帧格式见表 A.0.1-5。

表 A.0.1-5　称重系统复位命令信息帧格式

帧起始标志 (1字节)	命令序列号 (1字节)	命令号 (1字节)	数据帧长度 (1字节)	年 (2字节)	月 (1字节)
0xFF	0	4	0~255 (单位:字节)	2 003~65 535	1~12

日 (1字节)	时 (1字节)	分 (1字节)	秒 (1字节)	CRC (2字节)	
1~31	0~23	0~59	0~59	循环冗余校验	

附录 B 动态库接口定义

B.0.1 名称:

WtSys_Dll.dll

B.0.2 基本方法:

1　Long WtSys_Init(long IniType)

说明:计重设备初始化。

参数:1　初始化并返回缓存的车辆数据量(保留现状);

　　　0　初始化并强制清空本地和设备缓存;

　　　n　初始化并部分清除本地和设备缓存,只保留最后 n 辆车的数据(如果实际缓存的车辆数据量小于 n,初始化后不清除缓存,返回实际缓存的车辆数据量)。

返回值:−1　失败;

　　　　$n \geqslant 0$　返回缓存中的车辆数。

2　long WtSys_Test(void)

说明:检查设备状态。

参数:无。

返回值:0　计重设备正常;

　　　　1　承载器传感器故障;

　　　　2　光栅故障;

　　　　4　线圈故障;

　　　　8　轮轴识别器故障;

　　　　16　通信故障;

　　　　32　缓存溢出;

　　　　−1　系统没有进行初始化或称重控制器正在称重,无法应答。

注:当有多种故障时,返回值为各故障值之和。

3　long WtSys_SetCom(string strCom,long bps)

说明:设置串口。

参数:string strCom　串口名称(com1,com2),默认为 com1;

　　　long bps　　　　传输速率,默认为 9 600bps。

返回值:1　设置串口成功;

　　　　0　设置串口失败。

4　long WtSys_Sync(void)

说明:同步数据,清空本地缓存的数据,并将设备缓存的数据复制到本地。

参数:无。

返回值:1　同步成功;

　　　　0　同步失败。

5　Long WtSys_ClearOne(void)

说明:清除保存的首辆车数据;同时清除本地和计重设备缓存的数据。

参数:无。

返回值:1　清除成功;

　　　　0　清除失败。

6　long WtSys_GetCount(void)

说明:取当前总车数。

参数:无。

返回值:≥0　总车数,0 为没有车;

　　　 -1　失败。

7　Long WtSys_Speed(long vehicleID, *long Speed, *double Acceleration)

说明:取指定车辆的速度、加速度。

参数:long VehicleID　　　缓存的车辆序号(1、2、…),默认为 1;

　　　*long Speed　　　　速度,km/h;

　　　*double Acceleration　加速度,m/s^2。

返回值:1　取数据成功;

　　　　0　取数据失败。

8　Long WtSys_GetAxisCount(long VehicleID)

说明:取指定序号的车辆总轴组数。

参数:long VehicleID　缓存的车辆序号(1、2、…),默认为 1。

返回值:≥1　总轴数;

　　　 -1　失败。

9　long WtSys_GetAxisData(long VehicleID, long AxisID, *long AxisType, *long Weight)

说明:取指定序号的车辆轴组数据。

参数:long VehicleID　　缓存的车辆序号(1、2、…);

　　　long AxisID　　　轴号(1、2、…);

　　　*long AxisType　　轴型(1-7);

　　　*long Weight　　　轴重。

返回值:1　取数据成功;

　　　　0　取数据失败。

本规程用词用语说明

1 本规程执行严格程度的用词,采用下列写法:

1)表示很严格,非这样做不可的用词,正面词采用"必须",反面词采用"严禁";

2)表示严格,在正常情况下均应这样做的用词,正面词采用"应",反面词采用"不应"或"不得";

3)表示允许稍有选择,在条件许可时首先应这样做的用词,正面词采用"宜",反面词采用"不宜";

4)表示有选择,在一定条件下可以这样做的用词,采用"可"。

2 引用标准的用语采用下列写法:

1)在标准总则中表述与相关标准的关系时,采用"除应符合本规程的规定外,尚应符合国家和行业现行有关标准的规定"。

2)在标准条文及其他规定中,当引用的标准为国家标准和行业标准时,表述为"应符合《××××××》(×××)的有关规定"。

3)当引用本标准中的其他规定时,表述为"应符合本规程第×章的有关规定"、"应符合本规程第×.×节的有关规定"、"应符合本规程第×.×.×条的有关规定"或"应按本规程第×.×.×条的有关规定执行"。